# राक्षस फूट-फूटकर रोया

# राक्षस फूट-फूटकर रोया

हामादा हिरोसुके
त्सुबोता जोज़ी
मुशानोकोजी सानेआत्सु

अनुवाद और चयन

उनीता सच्चिदानन्द

राजकमल प्रकाशन

ISBN : 978-81-267-0615-0

**मूल्य :** ₹395



**पहला संस्करण** : 2002
**पहली आवृत्ति** : 2023

**प्रकाशक :** राजकमल प्रकाशन प्रा.लि.
1-बी, नेताजी सुभाष मार्ग, दरियागंज
नई दिल्ली-110 002

**शाखाएँ :** अशोक राजपथ, साइंस कॉलेज के सामने, पटना-800 006
पहली मंजिल, दरबारी बिल्डिंग, महात्मा गांधी मार्ग, प्रयागराज-211 001
वेबसाइट : www.rajkamalprakashan.com
ई-मेल : info@rajkamalprakashan.com

**मुद्रक :** बी.के. ऑफसेट
नवीन शाहदरा, दिल्ली-110 032

RAKSHAS PHOOT-PHOOT KAR ROYA
*Selected & Translated by* Unita Sachidanand

*प्रिय वरुणी और सोहम के लिए*

# दो शब्द

भारत और जापान के राजनयिक सम्बन्ध की इस स्वर्ण जयन्ती वर्ष में जापानी लोक साहित्य, बाल तथा आधुनिक साहित्य की इस श्रृंखला को भारतीय पाठकों को समर्पित करते हुए मुझे अपार हर्ष हो रहा है। इस श्रृंखला में 12 पुस्तकें प्रकाशित हो रही हैं। इनमें से दो पुस्तकें जापानी लोक कथाओं और तीन जापान के विशिष्ट बाल कथाकारों की चुनिंदा रचनाओं से सम्बन्ध रखती हैं।

इन पुस्तकों में मैंने नीइमी नानकिचि, हामादा हिरोसुके, त्सुबोता जोजी, मुशानोकोजी सानेआत्सु, ओगावा मिमेई और शिमाजाकी तोसोन जैसे दिग्गजों की रचनाओं को सम्मिलित किया है। दो और पुस्तकें अग्रणी समकालीन कथाकार ओका शूजो की बहुचर्चित पुस्तक 'बोकु नो ओनेसान' का अनुवाद है जिसे मैंने जापान की श्रीमती योशिको ओकागुची के साथ मिलकर सम्पन्न किया है।

आधुनिक एवं समकालीन जापानी साहित्य का अवलोकन अन्य पाँच संकलनों में आयोजित करने की चेष्टा की गई है। इनमें जहाँ कावाबाता यासुनारी की 'हथेली-भर कहानियाँ' हैं वहीं मियाजावा केन्जी, आवा नावाको और ओगावा मिमेई की फंतासी, आकुतागावा र्‌यूनोसुके का व्यंग्य, शिगा नाओया, आरिशिमा ताकेओ व मात्सुतानी मियोको की भावपूर्ण संवेदनात्मक रचनाएँ भी हैं।

जापान के आर्थिक और सामाजिक विकास की यात्रा, द्वितीय विश्व महायुद्ध के विध्वंसक परिणामों तथा पूँजीवादी प्रोद्योगिकीकरण से प्रभावित सामाजिक और आर्थिक हलचलों को संबोधित करते आबे कोबो, साता इनेको तथा हायाशी फुमिको की रचनाएँ एक अलग ही पहलू से हमारा साक्षात्कार कराएँगी। बारहवीं पुस्तक आधुनिक जापानी साहित्य और साहित्यकारों से भारतीय पाठकों का परिचय कराएँगी। उम्मीद है कि इन पुस्तकों के जरिए जापानी साहित्य की एक लघु यात्रा पाठकों को पसंद आएगी। पिछले पाँच वर्षों से मैं इस कार्य के सम्पादन में प्रयत्नशील रही हूँ। इस कोशिश में मेरा

*हौसला बढ़ाते और हर पल सहयोग करते मेरे कई मित्रों का महत्त्वपूर्ण योगदान रहा है।*

*सर्वप्रथम मैं भारत में जापान के राजदूत श्री हिरोशी हीराबायाशी के प्रति अपना आभार प्रकट करना चाहती हूँ जिन्होंने इस कार्य के लिए मुझे प्रोत्साहित किया। जापान की संस्कृति व सूचना केन्द्र के निदेशक श्री मिनेमुरा, राजदूत के विशिष्ट अधिकारी कु. हिरोमी सातो और श्री शिनसुके जो स्वयं बखूबी हिन्दी भाषा और साहित्य की अच्छी जानकारी रखते हैं; जापान फाउण्डेशन के निदेशक श्री फुकाज़ावा एवं उपनिदेशक कोजी सातो का मैं धन्यवाद करना चाहूँगी जिनका सहयोग मुझे लगातार मिलता रहा।*

*इन पुस्तकों की पाण्डुलिपि की तैयारी के दौरान राजकमल प्रकाशन के श्री उपेन्द्र झा, श्री चेतन क्रान्ति, श्री नरेश कुमार शर्मा, श्री तपस सरकार, आकांक्षा कम्प्यूटर के श्री नारायण एवं जवाहरलाल नेहरू विश्वविद्यालय के पूर्व एशियाई अध्ययन केन्द्र के शोधछात्र श्री संदीप कु. मिश्र से मिला योगदान अविस्मरणीय है। लेकिन इस यात्रा में राजकमल प्रकाशन के निदेशक श्री अशोक कुमार महेश्वरी का एक अभूतपूर्व योगदान है जिसकी वजह से मेरी मेहनत सफल हो पाई है।*

*अंत में, मैं अपने पति डा. सच्चिदानन्द सिन्हा, पुत्री वरुणी और पुत्र सोहम के प्रति अपना आभार प्रकट करना चाहूँगी, जिन्होंने विगत पाँच वर्षों के दौरान मुझे न सिर्फ उपयुक्त माहौल प्रदान किया बल्कि घर-परिवार की जिम्मेदारी में मेरा हाथ बँटाया। उनके धैर्य के अनन्त भण्डार के बगैर यह कार्य मैं कदापि संपादित नहीं कर पाती।*

**उनीता सच्चिदानन्द**
चीनी व जापानी अध्ययन विभाग
दिल्ली विश्वविद्यालय
दिल्ली

# FOREWORD

Inquisitiveness has always been a basic human trait, with mankind constantly seeking to learn more and more about other civilizations and cultures. Each nation has its own unique culture and way of living, about which people in other countries are always curious to know. Literature is the medium that provides a window to other societies, by helping us to understand their thoughts and aspirations. But, sometimes difference in language acts as a barrier in this task. It is here that the significance of literary translations comes to the fore. Literary translations have performed an important role of promoting global cultural interaction since times immemorial, and will continue to do so in the future as well.

The year 2002 make the 50$^{th}$ anniversary of diplomatic relations between Japan and India, which were established in April 1952. These fifty years have seen our relationship grow into a multi-dimensional one, covering a diverse range of areas such as political, economic, defence, art and culture, etc. Today, the ties between Japan and India are deeper and larger than ever before, based on mutual understanding and respect for each other. While the past fifty years have been positive and productive, we would like the next fifty years to be more so, and look forward to fruitful and close relations between our two peoples in the coming decades.

Dr. Unita Sachidanand has played a significant role in the promotion of mutual understanding between the people of our two countries. Having dedicated herself to the cause of strengthening the ties between our two countries through mutual appreciation of literature, she has once again undertaken the commendable initiative of introducing Japanese literature to Indian readers in Hindi. In 1998, she has brought out three volumes of translated Japanese literature. This time, she brings out a set of twelve tiles to commemorate the Golden Jubilee of Japan-India Diplomatic Relations. These books cover a wide variety of Japanese literary genre — from folk tales to modern fantasies, satire, children's stories, and mainstream literature written by some of the finest Japanese writers of all times. She also records two narratives presented by the *katari*, be the tradition Japanese storytellers.

Her selection is truly impressive and covers a wide spectrum of Japanese literature. In her collection, she has picked up representative stores from different periods in such a manner that they take the reader through a comprehensive literary journey of Japan. The first book contains some of the everlasting folk tales representing legends, myths and beliefs of Japan. These have been retold by the author in an absorbing style that would be liked by readers of all ages. The next three books carry an assortment of children's sotries specially written by some of the greatest literary craftsmen of Japan, such as Niimi Nankichi, Hamada Hirosuke, Shimazaki Toson, Mushanokoji Saneastsu, Tsubota Joji and Matsutani Miyoko. Though most of these authors belong to the mainstream of Japanese literature, the present selection includes those stores that these great writers have crafted specially for children. Japanese children virtually grow up with these stories, as some of these also find a place in most school textbooks in Japan.

I am particularly touched by the six stories by one of the contemporary Japanese authors, Oka Shuzo, profiling the life of the mentally and physically challenged persons. The compassion presented in these stories is a befitting tribute to the cause of such differently gifted persons. This book has received several awards such as the Akai Tori Award, Niimi Nankichi Award and Tsubota Joji Award, and has also been produced as a motion picture. This book is being brought out by Dr. Sachidanand in collaboration with Ms. Yoshiko Okaguchi of Japan, highlighting the need for such collaborative initiatives in this Golden Jubilee Year of Japan-India Friendship.

The collections included in two of the twelve titles have been largely devoted to fantasies created by Ogawa Mimei, Miyazawa Kenji and Awa Naoko. Four of the titles represent mainstream Japanese literature immaculately selected from the writings of influential authors such as Shiga Naoya, Akutagawa Ryunosuke, Arishima Takeo, Sata Ineko, Abe Kobo, Hayashi Fumiko, Matsutani Miyoko and last but not the least, an interesting collection of what is often referred to as the 'palm-sized stories' of Kawabata Yasunari, the first Japanese Noble laureate in literature. This volume of Kawabata's short stories has been translated by the students of Japanese literature in the University of Delhi, where Dr. Sachidanand teaches. I find it truly heart-warming that the translators and the editor have dedicated these stories to the long life of Japan-India Friendship in the true spirit and character of the 'palm-sized stories'. I congratulate the young scholars of Japanese language and literature for their commendable gesture.

In order to help the Indian readers appreciate the collection presented in these multi-volume anthologies of Japanese literature, Dr. Sachidanand aptly adds the twelfth one, which presents a lucid and comprehensive history of modern Japanese literature and its notable contributors. It is praiseworthy to note that the author traverses the entire gamut of Japanese literature from the Meiji period onwards, covering the contemporary trends in Japanese literature as well. She devotes a separate chapter highlighting the contribution of women authors in Japan.

I have great appreciation and admiration for all the efforts taken by Dr. Unita Sachidanand in preparation of these books, and would like to congratulate her and the publisher, Rajkamal Prakashan, for accomplishing such a magnificent task in this Golden Jubilee Year of Japan-India Diplomatic Relationship. I wish the author and the publisher an outstanding success in their current as well as future endeavours.

**Hiroshi Hirabayashi**
**Ambassador of Japan to India**

# क्रम

# हामादा हिरोसुके

(1893-1973)

जापान के श्रेष्ठ आधुनिक बाल साहित्यकार हामादा हिरोसुके ने प्राचीन कथाओं को अपनी सरल शैली और अपने विशिष्ट अनुभवों से जोड़कर नए सिरे से लिखने का सफल प्रयास किया है। इनकी कहानियों में मानवीय दुर्बलताओं की बजाय सत्य, शान्ति, सद्भाव और सहयोग की साधना का संदेश विद्यमान है।

हामादा हिरोसुके का जन्म 1893 में यामागाता प्रांत के याशिरो गाँव में हुआ। बचपन से ही लोककथाओं एवं परी-कथाओं में इनकी रुचि थी। इनकी मुख्य रचनाएँ हैं : 'नाइता आका ओनी' (राक्षस फूट-फूटकर रोया, 1933), 'हानाबिरानोताबी' (पँखुड़ी की यात्रा, 1919), 'आरुशिमा नो खित्सुने' (एक द्वीप की लोमड़ी, 1924) एवं 'र्यूनो में नो नामिदा' (डैगन के आँसू, 1923)।

इनकी कहानियों के पात्र ज्यादातर जानवर हैं। संवेदना एवं मानवता को जहाँ 'एक द्वीप की लोमड़ी' में लोमड़ी के जरिए दिखाया गया है, वहीं 'राक्षस फूट-फूटकर रोया' में राक्षस के दिल में मानव-प्रेम बखूबी दर्शाया गया है। इन दोनों कहानियों में ऐसे पात्र लिए गए हैं, जिनकी छवि बच्चों के मन में या तो भय पैदा करती है या धोखा और अविश्वास। परन्तु प्रस्तुत कहानियों में ये दोनों बातें मौजूद नहीं हैं। इन कहानियों में तो राक्षस दुष्ट न होकर नेक है और लोमड़ी के व्यवहार से मासूमियत और इन्सानियत झलकती है।

हामादा हिरोसुके यथार्थवादी लेखक हैं। ये आँखों से दिख न पाने वाली वस्तु को भी बड़े सलीके से कल्पनाओं के जरिए ठोस स्वरूप देने में सर्वथा सफल रहे हैं। जहाँ ओगावा मिमेइ बच्चों को बड़ों की दुनिया से दूर एक खयाली दुनिया की सैर कराते हुए अपने रूमानी दृष्टिकोण का प्रभावशाली चित्रण करते हैं, वहीं हामादा हिरोसुके बच्चों के भोलेपन के चित्रण में बच्चों के

ही स्वभाव और शब्दों का सहारा लेते हैं। वस्तुस्थिति को उसके यथार्थ रूप में व्यक्त करने का यही इनका रोमांचक तरीका है।

हामादा हिरोसुके को 1953 में वार्षिक कला एवं शिक्षामंत्री पुरस्कार तथा साइकेई बाल-साहित्य प्रकाशन संस्कृति पुरस्कार से दो बार (1956, 1961) सम्मानित किया गया।

# राक्षस फूट-फूटकर रोया

**मूल शीर्षक** : नाइता आका ओनी, 1933
**मूल कृति** : शोनेन शोजो निहोन बुनगाकुकान : 14, कोदांशा, तोक्यो, 1986; पृष्ठ 173-92

वह पहाड़ किस स्थान पर था, यह तो मालूम नहीं, पर हाँ, उसकी चट्टान पर मात्र एक घर था।

'क्या वहाँ लकड़हारा रहता था?'

'जी नहीं!'

'तो फिर क्या भालू रहता था?'

'नहीं, ऐसी बात भी नहीं।'

वहाँ एक राक्षस रहता था। राक्षस जवान था। उसका चेहरा और बदन सिन्दूर की तरह लाल था। शायद इसीलिए लोग उसे आका ओनी (लाल रंग का राक्षस) के नाम से जानते थे। राक्षस होने के बावजूद आका आम

राक्षसों से अलग था। शक्ल-सूरत और शारीरिक बनावट में भी वह राक्षसों जैसा न था। हालाँकि उसकी आँखें बड़ी थीं और सिर पर दो पैने सींग; तो क्या आका ओनी बहुत खतरनाक था? क्या उसके साथ असावधानी बरतना खतरे से खाली न था?

नहीं, ऐसी बात न थी। आश्चर्य की बात तो यह थी कि आका स्वभाव से बहुत ही सुशील था। चूँकि वह जन्म से राक्षस था, इसलिए उसके बाजुओं में अपार शक्ति थी। परन्तु उसने अपनी शक्ति का कभी गलत फायदा नहीं उठाया। वह अपने दोस्तों के साथ किसी शरारत में शामिल न हुआ। कभी-कभी राक्षस-बच्चे उसे चिढ़ाते और उसके ऊपर पत्थरों की बौछार करने लगते, तब भी आका हमेशा मुस्कुराती नज़रों से बच्चों की शैतानी नज़रअंदाज़ कर देता। सच पूछो तो आका की सोच सामान्य राक्षसों जैसी नहीं थी।

वह सोचता-'मुझे राक्षस-जीवन मिला है तो क्या हुआ! मैं कोई ऐसा नेक काम करना चाहता हूँ जिससे राक्षस होने के बावजूद मनुष्य मुझसे डरे नहीं। मैं इन्सानों के बीच घुल-मिलकर उनका दोस्त बनकर रहना चाहता हूँ।'

आका मन-ही-मन हमेशा यही सोचता रहता कि किस तरह इन्सानों से दोस्ती की जाए।

एक दिन आका ने दरवाजे पर लकड़ी का एक तख्ता

लटकाया जिस पर लिखा था:

*'यह एक सुशील एवं दयालु राक्षस का घर है। सभी लोग आमन्त्रित हैं। आइए, और चाय के साथ स्वादिष्ट मिठाइयों का आनन्द लीजिए।'*

वहाँ से गुजर रहे एक लकड़हारे की नज़र उस तख्ते पर पड़ी।

'ऐसी जगह यह तख्ता आखिर कौन लटका सकता है?' लकड़हारे ने सोचा और आँखें फाड़-फाड़कर उस पर सरल भाषा में लिखे वाक्यों को पढ़ने लगा। बात तो उसकी समझ में आ गई परन्तु उसे अपनी आँखों पर

विश्वास न हुआ।

'भला राक्षस भी कभी दयालु हो सकते हैं!'

लकड़हारा असमंजस में पड़ा तेज कदमों से गाँव पहुँचा। हाँफते-हाँफते उसने अपने एक दोस्त से कहा, "आज मैंने एक विचित्र चीज देखी।"

"क्या जंगल में लोमड़ी की शादी देखी?"

"नहीं, नहीं, उससे भी अद्भुत और नई चीज।"

"आखिर बताओ भी तो, वह नई चीज क्या देखी!" दोस्त ने पूछा।

"राक्षस के घर पर एक तख्ता लटका देखा।"

"तो क्या हुआ?" लकड़हारे के दोस्त ने कहा।

"तख्ते पर कुछ लिखा था।" लकड़हारे ने कहा।

"उस पर क्या लिखा था?" उसके दोस्त ने पूछा।

"मेरे बताने से शायद तुम्हें यकीन न हो, इसलिए अच्छा होगा कि तुम भी मेरे साथ चलो और अपनी आँखों से देख लो।"

दोनों दोस्त चट्टान पर चढ़े और राक्षस के घर के दरवाजे पर लटके तख्ते पर लिखी बातों को गौर से पढ़ने लगे–

*'यह एक सुशील एवं दयालु राक्षस...'*

"यह तो वाकई हैरानी की बात है और देखने से भी लगता है कि यह राक्षस की ही लिखावट है।" दूसरा लकड़हारा बोला।

"कहीं यह राक्षस की कोई चाल तो नहीं?" पहले ने धीमे से अपने दोस्त से कहा।

"ऐसा लगता तो नहीं है! उसने जरूर ही सच्चे मन से हम मनुष्यों को अपने घर बुलाया है।"

"अन्दर जाकर देखें?"

"नहीं, पहले खिड़की से झाँककर देखते हैं।"

झोंपड़ी के अन्दर आका चुपचाप दोनों की बातें ध्यान से सुन रहा था। वह यह सोचकर व्याकुल था कि दोनों लकड़हारे अन्दर आने में देरी क्यों कर रहे हैं।

उधर दोनों दोस्तों की हिम्मत नहीं हो रही थी कि वे कुटिया के अन्दर घुसें।

धीरे-धीरे सहमते हुए दोनों ने खिड़की से अन्दर झाँकने की कोशिश की।

"अरे, यहाँ तो कोई भी नहीं है!" एक ने कहा।

"कहीं धोखे से हमें मार कर खा जाने की चाल तो नहीं है?" दूसरा बोला।

आका उनकी बातें सुनकर बहुत निराश हुआ; लेकिन फिर भी उसने सोचा कि शायद आग्रह करने पर लकड़हारे उसका निमन्त्रण स्वीकार कर लेंगे। यह सोचकर उसने खिड़की से अपना लाल चेहरा बाहर निकाला और कहने लगा, "डरने की कोई बात नहीं।" कहते-कहते वह इतना भावुक हो गया कि उसका चेहरा पहले से भी अधिक लाल दिखने लगा।

लकड़हारों की जैसे जान ही निकल गई। वे डर के मारे भाग खड़े हुए।

आका ज़ोर-ज़ोर से उन्हें पुकारता रहा, "अरे ओ बन्धुओ, यह कोई धोखा नहीं। देखो, सचमुच तुम्हारे लिए स्वादिष्ट मिठाइयाँ और उत्तम दर्जे की चाय बनी पड़ी है।"

परन्तु पीछे मुड़कर देखने की हिम्मत किसे थी। वे तो इतना डर गए थे कि एक पल रुकना भी उनके लिए खतरे से खाली न था।

हताश आका मुँह लटकाए तख्ते को गौर से देखने लगा। मन-ही-मन उसे गुस्सा भी आ रहा था। वह सोचने लगा–'कितने प्यार और श्रद्धा से उसने लकड़ी काट, रंदा चलाकर एक सुन्दर-सा तख्ता बनाया था! फिर उस पर अपने ही हाथों संदेश लिखकर लटकाया था। आखिर यह सब करने से उसे क्या मिला? चाय बनाई, मिठाइयाँ भी ले आया और नतीजा यह कि मनुष्य मेरा विश्वास ही नहीं करते।'

शान्त और सुशील आका गुस्से से लाल-पीला हो उठा। उसने तख्ते को जोर से जमीन पर पटका और उस पर तेजी से लातों की बरसात करने लगा।

तभी अचानक उसने देखा, द्वार पर उसका एक राक्षस मित्र आओ ओनी (नीला राक्षस) खड़ा है। आओ ओनी बचपन से ही आका ओनी का प्रिय मित्र था। वह कुछ दूर पहाड़ी पर रहता था। बहुत दिन हो गए थे दोनों को

मिले, इसलिए आओ ओनी आका का हाल–चाल पूछने आज उसके घर आया था।

दोस्त की हरकत देख वह पूछ बैठा, "क्या हुआ? यह सब तोड़–फोड़ तुम्हें शोभा नहीं देता।"

आका अपनी करनी पर शर्मिंदा हुआ, फिर अपने–आपको सँभालते हुए सारा किस्सा दोस्त को बता दिया।

"अच्छा, तो यह बात है! तुमसे जब पहले भी कई बार मिलने आया तो तुम थोड़े परेशान से दिखते थे; परन्तु फिक्र मत करो। अब ऐसा नहीं होगा। मैं तुम्हारी मदद करूँगा। लेकिन शर्त यह है कि मैं जैसा कहूँगा, तुम्हें वैसा ही करना होगा।" फिर थोड़ा सोचकर बोला, "देखो, मैं अभी गाँव में जाकर दंगा–फसाद करता हूँ। तुम मुझे वह सब करने से रोकोगे, लेकिन मैं एक नहीं सुनूँगा । फिर तुम मेरी खूब पिटाई करना–लातों–घूसों से।"

"यह कैसे सम्भव हो सकता है? मैं तुम्हें भला कैसे मार सकता हूँ!" आका कुछ सोचते हुए बोल पड़ा।

"आगे सुनो तो! ऐसा करने से मनुष्य तुम्हें पहली बार प्रशंसा की निगाह से देखेंगे। लोगों के दिल में तुम्हारे प्रति विश्वास जगेगा। एक बार ऐसा हो गया तो वे हमेशा के लिए तुम्हारे दोस्त बन जाएँगे।" आओ ओनी बोला।

"तुम्हारी बात में दम तो है; परन्तु तुम्हारे साथ ऐसा अत्याचार मुझसे न होगा।" आका ने दोस्त के सुझाव

सुनकर अपनी असमर्थता व्यक्त की।

"क्या बेकार की बातें करते हो! देखो, कुछ पाने के लिए कुछ कुर्बानी तो देनी ही पड़ती है। किसी अच्छे लक्ष्य को हासिल करने के लिए कुछ दर्द तो सहना ही पड़ता है। फिर मैं तुम्हारे बचपन का दोस्त हूँ। अगर मैं तुम्हारी मदद नहीं कर सका तो मुझे बहुत तकलीफ होगी और हम राक्षसों की हालत में कोई सुधार नहीं होगा।" आओ ओनी ने अपने तर्क से आका को राजी करने की भरपूर कोशिश की।

आका से कुछ बोलते न बन रहा था।

"चलो दोस्त, सोचते क्या हो? उठो और हो जाओ तैयार। " आओ ओनी ने अपना हाथ बढ़ाकर आका को उठाया और फिर दोनों गाँव की ओर चल पड़े।

गाँव पहुँचे तो आओ ओनी ने आका से कहा, "तुम यहीं ठहरो। मैं जाकर गाँववालों की नाक में दम करता हूँ। थोड़ी देर बाद तुम आना और जैसा मैंने बताया है, वैसा ही करना।"

शाम हो चली थी। गाँव में शान्ति छाई हुई थी। शायद गाँव के लोग भोजन कर सोने की तैयारी कर रहे थे।

आओ ओनी एक घर के सामने जाकर ज़ोर-ज़ोर से दरवाजा पीटते हुए कहने लगा, "खोलो दरवाजा। मैं नीला राक्षस हूँ और बहुत ही भूखा हूँ। दरवाजा जल्दी खोलो वरना तोड़ डालूँगा।"

उस घर के अन्दर एक बूढ़े दंपती रहते थे। बूढ़े-बुढ़िया के तो होश उड़ गए। अभी वह कुछ कर ही पाते कि आओ ओनी दरवाजा तोड़ते हुए अन्दर आ घुसा।

विशाल राक्षस को देख बूढ़े दंपती 'राक्षस! राक्षस', चिल्लाते हुए पिछवाड़े से भाग खड़े हुए।

आओ ओनी घर का सारा सामान इधर-उधर फेंकने लगा। सामने रखे पकवान कुछ मुँह में डालता, कुछ बाहर फेंकता। खिड़की-दरवाजों को तोड़ने के बाद वह खंभों को उखाड़ फेंकने की कोशिश करने लगा। बीच-बीच में अपनी गरजदार आवाज में चिल्लाता, "कहाँ हैं..., कहाँ हैं मनुष्य? मैं उनको अभी मजा चखाता हूँ।"

गाँव में तो जैसे भगदड़ ही मच गई। लोग यहाँ-वहाँ घबराकर भागने लगे।

इसी बीच आका आ पहुँचा और आओ ओनी को ललकारते हुए बोला, "अरे ओ राक्षस के बच्चे, क्यों शान्तिप्रिय मनुष्यों में आतंक फैला रहा है? भाग जा, वरना इतना पीटूँगा कि होशोहवास खो बैठूँगा।" यह कहते हुए आका अपनी मुट्ठी भींचे, बाजुओं को फड़काते आओ ओनी के सामने जा खड़ा हुआ।

आओ ओनी आका की ओर मुड़कर बोला, "तू इन मनुष्यों की तरफदारी क्यों कर रहा है? तू तो मेरी ही तरह एक राक्षस है। चल, हम दोनों मिलकर मनुष्यों की नींद हराम करते हैं।"

"नहीं, नहीं। मैं राक्षस कुल में जन्मा तो क्या हुआ, मैं इनकी तबाही नहीं देख सकता।" आका बोला।

"रोक सकता है तो रोक..." आजमा ले अपनी ताकत!" और आओ ओनी फिर से तोड़-फोड़ करने लगा।

फिर आका ने आओ ओनी पर झपटते हुए उसकी गर्दन पकड़ ली और उसे जमीन पर पटक दिया और लगा पिटाई करने; हालाँकि ऐसा करते आका को तकलीफ भी हो रही थी। विचित्र बात तो यह थी कि आका के हलके थपेड़ों पर भी आओ ओनी जोर-जोर से चिल्लाता।

गाँववाले अब तक वहाँ आ पहुँचे थे। वे यह सब देख आश्चर्यचकित थे। अन्ततः आओ ओनी वहाँ से भागने लगा और उसके पीछे-पीछे भागा आका।

इस तरह लोगों की नजरों में आका, आओ ओनी को मार भगाने में सफल रहा।

दूसरे दिन गाँव में हर तरफ लोग आका की प्रशंसा करते न थकते, "हम तो समझते थे कि सभी राक्षस शैतान होते हैं, परन्तु आका तो एकदम भिन्न निकला!"

"हाँ, हाँ, बिलकुल ठीक। अगर देखा जाए तो आका बहुत ही नेक है।"

"अच्छा, ऐसी बात है, तो हम लोगों को उसके यहाँ चाय के निमन्त्रण पर जाना चाहिए था।"

"चलो जो हुआ सो हुआ; परन्तु अभी भी वक्त है।

हमें आका को अपना दोस्त मान लेना चाहिए। चलो अच्छे काम में देरी कैसी!" और सभी गाँव वाले कुछ ही देर में आका के घर जा पहुँचे।

इतनी बड़ी तादाद में गाँववालों को अपने घर की चौखट पर देख आका की खुशियों का ठिकाना न रहा। उनके स्वागत में उसने स्वादिष्ट मिठाइयाँ और चाय पेश कीं।

अब गाँववासी हर रोज आका के घर जाने लगे।

आका का अकेलापन अब खत्म हो गया था। वह अब मनुष्यों से हिल-मिलकर मजे में दिन बिताने लगा।

एक दिन अचानक आका को अपने दोस्त आओ ओनी का खयाल आया। आका सोचने लगा 'कहीं वह बीमार तो नहीं? मुझे उससे मिलने जाना चाहिए।'

आका अपने दोस्त से मिलने उसके घर की ओर चल पड़ा।

एक पहाड़ी, दूसरी पहाड़ी और अन्ततः तीसरी पहाड़ी की चोटी पर आओ ओनी का घर था। लेकिन यह क्या, आओ ओनी का घर तो बन्द पड़ा था! आका ने जोर-जोर से आवाज लगाई लेकिन उसे कोई उत्तर न मिला। आका ने काफी देर तक आओ ओनी की प्रतीक्षा भी की; लेकिन आओ ओनी नहीं आया। निराश हो आका लौटने को जैसे ही मुड़ा कि उसे आओ ओनी के घर के बाहर एक जगह संदेश लिखा मिला :

*'प्रिय दोस्त,*
*मुझे मालूम है कि तुम एक दिन जरूर आओगे, परन्तु मैं अब तुमसे नहीं मिल पाऊँगा। बड़ी मुश्किल से इन्सानों से तुम्हारी दोस्ती हो पाई है। अगर हम एक दूसरे से मिलते रहेंगे तो एक बार फिर इन्सानों का तुम्हारे प्रति विश्वास उठ जाएगा। मैं चाहता हूँ कि तुम इसी तरह मनुष्यों के साथ अपने दिन बिताओ। मुझे गलत मत समझना। मैं तुम्हें हमेशा याद रखूँगा। आज मैं एक लम्बी यात्रा पर निकल रहा हूँ। अपना खयाल रखना।*

*तुम्हारा दोस्त'*

अपने दोस्त की कुर्बानी से आका की आँखें नम हो गईं। वह फूट-फूटकर रो पड़ा।

# एक द्वीप की लोमड़ी

**मूल शीर्षक** : आरू शिमा नो खित्सुने, 1924
**मूल कृति** : शोनेन शोजो निहोन बुनगाकुकान : 14, कोदांशा, तोक्यो, 1986; पृष्ठ 193-203

एक छोटा-सा द्वीप था। उसमें कैमेलिया के गहरे लाल फूल खिले थे। सूरज की तेज रोशनी से सारे फूल अपनी भरपूर रवानी पर थे। कुछ-एक कलियाँ भी थीं जो खिल उठने को एकदम उतावली थीं। नीले-काले पत्ते चमाचम चमक रहे थे। नीले समुद्र में अनगिनत पाल-जहाज चाँदी की तरह चमचमाती लहरों के बीच हिचकोले खा रहे थे।

इस द्वीप की पहाड़ी की ढलान पर एक मन्दिर था। मन्दिर के बरामदे से बाहर का दृश्य अत्यंत मनमोहक था। गहरे नीले आसमान का रंग लिए अनंत सागर, खड़ी चट्टान पर फैला चीड़ का जंगल, मकानों की परछाईं,

ढलान पर चरती गायें और उन्मुक्त खेलते बच्चे-एक खूबसूरत तस्वीर में उतारने लायक समाँ था।

मन्दिर के बरामदे में प्रायः काफी चहल-पहल रहती थी। एक दिन संयोग से वहाँ एक सफेद चीज़ प्रकट हुई। जाहिर है, वह चीज मनुष्य तो थी नहीं। बहुत कुछ कुत्ते से मिलती-जुलती थी, लेकिन वह कुत्ता भी नहीं था। उसकी एक मोटी पूँछ थी।

अब तो समझ ही गए होंगे आप! वह एक सफेद लोमड़ी थी।

मन्दिर के पीछे घने पेड़ों से घिरी एक छोटी-सी पहाड़ी थी। लोमड़ी वहीं रहती थी। इन्सानों से सामना होने पर भी घबराए बगैर चुपचाप अदृश्य हो जाती थी। लोग भी अब उससे अभ्यस्त हो चले थे, इसलिए उसे भगाते नहीं थे।

गाँव में एक कुत्ता था, जो लोमड़ी को देखते ही आँखों का रंग बदलकर लगातार भौंकता रहता। इसीलिए लोमड़ी हमेशा सावधान रहती और ज्यादातर किसी चीज की ओट लेकर छुपते-छुपाते ही निकलती।

हालाँकि उसके पैरों के निशान इतने सुस्पष्ट होते कि पुजारी को उसे पहचानना मुश्किल न होता।

उस दिन भी वह चुपके से बरामदे में प्रकट हुई। फर्श पर पैरों की छाप देख पुजारी बोल पड़ा, "लगता है, आज भी वह आ गई।"

पुजारी की गैरहाजिरी में वहाँ आकर इधर-उधर सूँघते हुए बुद्ध-वेदी पर चढ़ाए पकवान को चट कर जाने वाली उसकी हरकतें पुजारी से छिपी न थीं।

इस वक्त भी वैसे ही नाक बजाती सूँ-सूँ करती वह सफेद लोमड़ी बुद्ध-वेदी के सामने आ गई। उसने देखा, तीन बड़े-से बन प्लेट में रखे हैं। वह भूखी थी। बस, जीभ चुभलाते हुए एक बन गटक गई और अब दूसरे को मुँह में दबा, तीसरे को भी गटकने ही वाली थी कि उसे अचानक किसी के पैरों की आहट सुनाई दी। उसने पीछे मुड़कर देखा, द्वार पर कोई खड़ा था। लोमड़ी जल्दी से खम्भे के पीछे छिप गई।

कुछ आवाज हुई। वह किसी बुजुर्ग की शान्त आवाज थी। खम्भे के पीछे से सफेद लोमड़ी ने गर्दन निकालकर द्वार की ओर देखा, वहाँ एक बुढ़िया, जिसे वह आज पहली बार देख रही थी, डंडे के सहारे गुमसुम-सी खड़ी थी। ध्यान से देखने पर पता चला, उसकी आँखें नहीं हैं।

'ओह, यह तो अंधी है!' मन-ही-मन यह कहते हुए सफेद लोमड़ी खम्भे के पास से हट धीरे-धीरे हॉल में आ गई।

"खों-खों..." लोमड़ी ने अपने स्वर में कुछ कहा।

"जी, आप पुजारी जी हैं क्या?"

"खों-खों..." लोमड़ी ने जवाब दिया, "... पुजारी जी नहीं हैं।"

परन्तु बुढ़िया तो कानों से भी बहरी थी।

"ऐसी बात है तो अन्दर आने की इज़ाजत चाहती हूँ।" यह कहते हुए बुढ़िया ने कमर झुकाकर हाथ की छड़ी बरामदे के चबूतरे पर टिकाई। छड़ी हाथ से छूटकर लुढ़कती हुई आँगन में गिर पड़ी। उसे उसी हालत में छोड़ बुढ़िया हाथ-पाँव से रास्ता टटोलती, द्वार तक आ पहुँची। झुकते हुए विनम्र भाव से अभिवादन कर वहाँ बैठ गई। घबराई और सहमी लोमड़ी ने भी बैठे-बैठे अभिवादन किया।

बुढ़िया ने सबसे पहले अपनी जेब से एक कागज की पुड़िया निकाली और सामने रख दी। उसमें पुजारी के लिए दान के पैसे थे।

"पुजारी जी, यह केवल श्रद्धा-मात्र है। इसलिए कृपा करके इसे स्वीकार करें और मंत्र पढ़ने की कृपा करें।"

"खों-खों..." लोमड़ी ने अपने स्वर निकाले।

पुजारी जी घर पर नहीं हैं, यह तो लोमड़ी ने शुरू में ही कह दिया था, परन्तु बुढ़िया अन्धी और बहरी होने के कारण कुछ सुन न पाई और उसी तरह अन्दर चली आई।

"हाँ, आज मेरे पति का मरण-दिवस है।" बुढ़िया अपनी ही धुन में बोली।

"खों-खों..." सफेद लोमड़ी ने भी अपनी बोली में कुछ कहा।

"अच्छा, धन्यवाद!"

बेमतलब के इस धन्यवाद से लोमड़ी अपने को दुविधा में पा, खामोश हो गई।

बुढ़िया की निगाहें लोमड़ी पर ऐसे टिकी थीं मानो वह एकटक उसे ही देख रही हो, हालाँकि इसमें कोई शक नहीं था कि उसकी दोनों आँखें बिलकुल बेकार हो चली थीं।

लोमड़ी ने सोचा–'चलो, यही ठीक है। बुढ़िया के लिए पुजारी भी बन जाते हैं। कहाँ से आई है, यह तो मालूम नहीं; लेकिन आँखों से लाचार बेचारी सिर्फ़ इसी काम से यहाँ तक का सफर तय करके आई है। एक तो बहरी है और ऊपर से मंत्र पढ़वाना चाहती है। अगर पुजारी जी आ जाते तो अच्छा होता; परन्तु ऐसी उम्मीद करना भी बेकार है। शाम तक उनके लौटने की उम्मीद भी नहीं है, क्योंकि जब भी वे बाहर जाते हैं, प्रायः ऐसा ही होता है...'

लोमड़ी 'खों-खों' करते उठ खड़ी हुई। बुढ़िया की आस्तीन को मुँह से पकड़ खींचते हुए बुद्ध-वेदी के पास पहुँच गई, परन्तु लोमड़ी एक उलझन में पड़ गई। जपमाला और पुजारी के कपड़े तो थे ही नहीं। लोमड़ी अपने-आप से कहने लगी – 'वैसे तो और भी बहुत-सी चीजें नहीं हैं, परन्तु इनके न रहने से मंत्र पढ़ना कुछ अटपटा-सा लगेगा। पुजारी जी के कमरे में देख आती हूँ,' यह सोच

लोमड़ी अन्दर चली गई।

कमरे को दो हिस्सों में बाँटता सरकने वाला दरवाजा खुला पड़ा था। अन्दर झाँककर लोमड़ी ने देखा, खिड़की के ऊपर पुजारी की सामान्य पोशाक और उत्तरीय टँगे थे। आज पुजारी जी शायद इन कपड़ों को उतार बैंगनी रंग की चमकीली पोशाक और सोने की जरी वाली उत्तरीय

पहन पहाड़ी से नीचे उतरे होंगे।' सफेद लोमड़ी ने सोचा।

फिर लोमड़ी ने खिड़की से पोशाक उठाई और अपने ऊपर ओढ़ ली। उत्तरीय हाथ में ले तो लिया परन्तु यह पता न था कि वह कैसे पहना जाता है?

वह इसी असमंजस में थी कि दूसरे क्षण ही उसे खयाल आया–'चलो, जैसे-तैसे पहन लेती हूँ। देखने वाला तो कोई है नहीं।' वह दायें-बायें करते-कराते जैसे-तैसे उत्तरीय को छाती से टाँग कमरे से बाहर निकल गई।

'क्या अनोखी वेश-भूषा है। लेकिन हँसने वाला भी तो यहाँ कोई नहीं।' लोमड़ी ने मन में सोचा।

बाहर अन्धी-बहरी बुढ़िया सिमटी-सी बैठी थी। लोमड़ी को थोड़ी ग्लानि भी हुई क्योंकि बुढ़िया को जरूरत से ज्यादा ही इंतजार करना पड़ा था। वह जल्दी से बुद्ध-वेदी के सामने आकर बैठ गई। आँखें सीधे सामने की ओर टिका ध्यानमग्न होने का प्रयत्न करने लगी; किन्तु उसका दिल बेचैन था। फिर खड़ी हो आसन के दो-तीन चक्कर लगा आई, यह सोचकर कि व्याकुलता कम हो जाएगी; किन्तु उसकी व्याकुलता फिर भी कम न हुई।

'कोई देख तो नहीं रहा?' आश्वस्त होने के लिए उसने चारों ओर फिर नजरें घुमाईं।

मन्दिर के अन्दर अँधेरे में अगर कोई था तो सिर्फ पीछे

बैठी अन्धी-बहरी बुढ़िया और वह खुद। लोमड़ी ने बरामदे से बाहर देखा, जहाँ दोपहर की रोशनी फैली थी। लोगों की तो परछाईं तक वहाँ न थी। बाड़ के किनारे उगे कैमेलिया के नीचे सिर्फ़ तीन मुर्गियाँ अपने ऊपर रेत उँड़ेलने में व्यस्त थीं।

लोमड़ी ने चैन की साँस ली। लकड़ी के हथौड़े को घंटी पर मारा तो वह बज पड़ी। फिर उसने हथौड़ा पूजा की सिल्ली पर मारा। इस बार हलकी-सी आवाज हुई। अब वह मंत्रोच्चारण करने लगी:

'खों, खों, खों, खों...'

लोमड़ी को यह सब हास्यास्पद लग रहा था। उसे इस बात का पूरा एहसास था कि वह जो कुछ भी कर रही थी, वह मजाकिया हरकत ही थी; परन्तु अब तो उसे रोका भी नहीं जा सकता था। इसी तरह थोड़ी देर और मंत्र जपने का ढोंग तो उसे करना ही पड़ेगा। ऐसा न करना बुढ़िया को धोखा देने जैसा होगा।

लोमड़ी अनाप-शनाप अपनी बोली में बोलती रही। लोमड़ी थी, इसलिए जाहिर है, उसे इन्सान की भाषा नहीं आती थी। अब वह मंत्र जपने का ढोंग करने में भी अपने को असमर्थ पा रही थी। उसकी समझ में नहीं आ रहा था कि वह क्या करे। फिर भी सिल्ली बजा-बजाकर अपनी बोली में चीखती रही।

'खों...पों...पों...खों...खों...'

सिल्ली बजने की आवाज़ और लोमड़ी के स्वरों के बीच कभी-कभी घंटी भी बज जाती थी। थोड़ी देर इस तरह जाप करने के बाद लोमड़ी ने चुपके से पीछे मुड़कर देखा, बुढ़िया लगातार जपमाला जपती जा रही थी। बीच-बीच में झुककर भगवान को प्रणाम भी कर लेती थी। लोमड़ी को यह देखकर प्रसन्नता हुई।

खों-खों चिल्लाते हुए उसने मन-ही-मन सोचा- 'थोड़ा और जाप करती हूँ। उसके बाद उसे खाती हूँ।'

क्योंकि प्लेट में अब भी एक बन रखा था जिसे वह खा नहीं पाई थी।

लोमड़ी प्लेट में रखे बन पर टकटकी लगाए जाप करती रही और साथ ही साथ सिल्ली बजाती रही।

बुद्ध-वेदी के बीचोबीच भगवान बुद्ध की बहुमूल्य मूर्ति स्थापित थी। ऐसा प्रतीत होता था, जैसे मूल्यवान मूर्ति के गालों पर लोमड़ी की हरकतों को देख हलकी-सी मुस्कान तैर रही हो। किन्तु लोमड़ी को इसकी खबर तक न हुई। फिलहाल उसकी आँखों में तो केवल प्लेट में रखा बन घूम रहा था।

लोमड़ी ने हथौड़े को एक ओर रखा। मोटी-सी रोंयेंदार पूँछ लिए जब वह उठी तो पोशाक के नीचे का किनारा आसन में फँस गया और तहदार पोशाक पंखे की तरह खुल गई।

किन्तु कोई हँसने वाला तो था नहीं वहाँ।

बुढ़िया को लगा, जैसे जाप खत्म हो गया। श्रद्धा से उसने सफेद बालों से भरे सिर को नीचे चटाई पर टिकाया और कहा, "पुजारी जी, बहुत-बहुत धन्यवाद!"

शान्त भाव से लोमड़ी मुँह से आस्तीन खींच बुढ़िया को दरवाजे तक ले गई।

ऊँची सैंडिल पहनने में उसने बुढ़िया की मदद की। आँगन में लुढ़की हुई छड़ी को मुँह से पकड़ बुढ़िया के हाथों पकड़ाकर ही उसे चैन मिला।

"धन्यवाद पुजारी जी, अब जाने की इजाजत चाहती हूँ।"

"खों, खों!" लोमड़ी ने अलविदा कहा।

बुढ़िया के द्वार से ओझल होते ही लोमड़ी ने झट से पुजारी की पोशाक और उत्तरीय उतार कमरे की खिड़की पर पहले की तरह टाँग दिया। बुढ़िया की दी हुई दान की पुड़िया उसी तरह चटाई के ऊपर खुली पड़ी रही। फिर लोमड़ी बुद्ध-वेदी के पास पहुँच, बन को मुँह में दबा बाहर की ओर चलती बनी।

मन्दिर का बरामदा पहले की तरह ही दिखने लगा, जैसे कुछ देर पहले वहाँ कुछ हुआ ही न हो। लाल कैमेलिया निश्चिन्त खिल रहे थे। नीले-काले पत्ते तेल की तरह चमाचम चमक रहे थे। नीले समुद्र में असंख्य पाल-जहाज रजत-रंजित तल पर हिचकोले ले दमक रहे थे।

# त्सुबोता जोजी

(1890-1882)

त्सुबोता जोजी को साहित्य की दुनिया में प्रसिद्धि काफी देरी से मिली। इसीलिए इन्हें देर से पकने वाला फल भी कहा जाता है, किन्तु इनको भी कोई खास जल्दी नहीं थी। ये शहर में रहते हुए भी लगातार ग्रामीण इलाकों का भ्रमण करते रहते थे। हरेक चीज को बारीकी से देखना और उन पर चिंतन करना उनकी आदत थी।

उनका जन्म 1890 में ओकायामा प्रांत के शिमादा गाँव में हुआ। जोजी, ओगावा मिमेइ को अपना गुरु अवश्य मानते थे लेकिन जोजी का साहित्य ओगावा मिमेइ से काफी हद तक अलग था।

मिमेइ का सम्बन्ध उत्तरी जापान के ठण्डे प्रदेश से था। उनकी परवरिश एक गरीब तथा पिछड़े परिवार में हुई थी जबकि त्सुबोता जोजी सम्पन्न परिवार में पैदा हुए और सदाबहार आबोहवा में साँस लेते रहे। उनका बचपन बहुत खुशहाल था। इसीलिए ओगावा मिमेइ के साहित्य में अगर गरीबी, उत्तरी जापान में पैदा होने का क्षोभ एवं उदासी झलकती है, तो त्युबोता जोजी की रचनाओं में हमेशा बसंत की हवा, चहल-पहल, हँसते-खेलते, फलते-फूलते बच्चे, हरे-भरे खेत व मैदान देखने को मिलते हैं।

ओकायामा के प्राकृतिक सौंदर्य तथा आबोहवा से जोजी पूरी तरह प्रभावित थे। सपने और वास्तविक दुनिया के बीच तालमेल के साथ स्थानीय रीति-रिवाज, खेत-खलिहानों की जिन्दगी का बहुआयामी चित्रण इनकी रचनाओं में मिलता है। शहर में घुटन महसूस हुई नहीं कि तुरन्त ये गाँव पहुँच जाते थे। त्सुबोता जोजी की रचनाओं में अक्सर मुख्यपात्र बालक एवं बूढ़े होते हैं।

किशोर तो शिगा नाओया की कहानियों में भी दिखते हैं परन्तु वे गाँव के

नहीं, शहरी होते हैं।

उत्साह और उमंग के बीच त्सुबोता जोजी ने जीवन के गंभीर पहलुओं पर भी प्रकाश डाला है। 'लोमड़ी और अंगूर' में ममता की भावना को एक बच्चे की निगाहों से देखने की कोशिश की गई है।

# लोमड़ी और अंगूर

**मूल शीर्षक** : कित्सुने तो बुदो, 1948
**मूल कृति** : शोनेन शोजो निहोन बुनगाकुकान : 14, कोदांशा, तोक्यो, 1986; पृष्ठ 122–26

पहाड़ी के बीच, माँद में एक लोमड़ी का बच्चा 'भूख लगी है' कहता हुआ बिलख रहा था।

इस पर माँ-लोमड़ी ने कहा, "रुको बेटा, अभी स्वादिष्ट भोजन लेकर आती हूँ।"

माँ के इस आश्वासन पर बच्चे ने रोना बन्द कर दिया। वह माँ के लौटने की प्रतीक्षा करने लगा।

एक घंटा इंतजार किया किन्तु माँ लौटकर नहीं आई। दो घंटा इंतजार किया, फिर भी माँ नहीं लौटी। तीन घंटे प्रतीक्षा करने के बावजूद माँ नहीं आई। आखिरकार बच्चे ने फिर रोना शुरू कर दिया-'भूख लगी है।'

माँ को क्या हुआ होगा?

दरअसल उस वक्त वह पास के गाँव से अंगूर का एक गुच्छा तोड़ लाने के खयाल से तेज़ दौड़ी चली जा रही थी।

एक पहाड़ पार किया और दूसरा। तीसरे पहाड़ को पार करते ही वह अंगूरों के गाँव में पहुँच गई।

"भूख के कारण मेरा बच्चा रो रहा है। इसलिए एक गुच्छा लेने के लिए मुझे माफ करना।" यह कहते ही वह अंगूर की बेल पर कूद पड़ी और एक बड़ा गुच्छा तोड़ने में कामयाब हो गई।

गुच्छे को मुँह से पकड़ वह फिर तेज कदमों से अपनी माँद की ओर लौटने लगी। एक पहाड़ पार किया, दूसरा पार किया और फिर तीसरा।

लोमड़ी अब माँद के बिलकुल करीब आ गई थी।

'मेरी ग़ैरहाजिरी में कोई चील तो मेरे बच्चे को नहीं उठा ले गई!' माँ सशंकित थी। लेकिन बच्चे के रोने की आवाज़ आ रही थी, इसलिए माँ ने राहत की साँस ली। उस पर थकान असर करने लगी। अंगूर का गुच्छा इतना भारी था कि लोमड़ी के लिए उसे अब और अधिक देर तक अपने मुँह में पकड़े रहना सम्भव न था।

'ओह! थकान से बुरा हाल है!' मन-ही-मन कह लोमड़ी ने एक पेड़ के नीचे उस गुच्छे को रखा और आराम करने लगी।

अभी वह पूरी तरह बैठ भी न पाई थी कि पास ही से किसी कुत्ते की 'भौं-भौं' की आवाज सुनाई दी। कोई शिकारी कुत्ते के साथ वहाँ पहले से ही हाजिर था।

'अब क्या किया जाए! यह कोई आराम से बैठने की बात नहीं है। मेरा बच्चा कहीं गोली का शिकार न हो जाए?' यह सोच माँ-लोमड़ी अचानक ज़ोर-ज़ोर से चिल्लाने लगी, "खतरा है बेटे, जल्दी से भाग जाओ।"

बच्चा-लोमड़ी यह पुकार सुन सावधान हो गई और तुरन्त माँद से बाहर कूद पड़ी। भागते-भागते वह दूर घाटियों के बीच जा पहुँची।

उसके बाद कई दिन, महीने गुजरे। न मालूम कितने साल बीते; परन्तु माँ कभी वापस न लौटी। माँ को ढूँढ़ते- ढूँढ़ते, पहाड़ों में चलते-चलते लोमड़ी का बच्चा भी बड़ा हो गया।

एक दिन वह उसी माँद के पास पहुँच गया जहाँ वह बहुत पहले अपनी माँ के साथ रहता था। उसने देखा, एक पेड़ पर अंगूर लगे हुए हैं। अंगूर की बेल पेड़ से लिपटी ऊपर तक पहुँची हुई थी और उस पर ढेर सारे रसीले अंगूर लटके हुए थे।

क्या कभी इस जगह अंगूर का पेड़ था भी? लोमड़ी याद करने की कोशिश करने लगी। उसने एक अंगूर खाया। अंगूर बेहद स्वादिष्ट था।

"वाह, क्या स्वाद है! कितना स्वादिष्ट है!"

लोमड़ी जीभ चटकाते हुए एक के बाद एक अंगूर

खाती गई; परन्तु अचानक उसे माँ के शब्द याद आ गए:

'रुको बच्चे, स्वादिष्ट भोजन लाकर देती हूँ।' उसे अंगूर की बेल का वहाँ पर होने का कारण समझते देर न लगी।

"हाँ, एकदम सही है।"

उसने माँ के प्रति, जिसका अब कहीं पता ही न था, ऊँची आवाज़ में आसमान की तरफ देखते हुए कृतज्ञता व्यक्त की, "धन्यवाद, माँ!"

# मुशानोकोजी सानेआत्सु

(1885-1976)

अपने आदर्शों को पाठकों तक मात्र साहित्य के द्वारा पहुँचाना ही काफी नहीं होता, बल्कि उनको अपने जीवन में ढालने का प्रयास लगातार करते रहना एक साहित्यकार की नैतिक जिम्मेदारी बन जाती है, ऐसा मुशानोकोजी सानेआत्सु मानते थे। इसी उद्देश्य के तहत इन्होंने 'आताराशिकी मुरा' (नया गाँव) नामक साहित्यिक संस्था की नींव 1918 में डाली। इस संस्था के अन्तर्गत जहाँ 'नया साहित्य कैसे लिखा जाए' विषय पर चर्चा होती थी, वहीं लेखक की सामाजिक जिम्मेदारी तय करने पर भी हर महीने विचार-विमर्श किया जाता था।

मुशानोकोजी सानेआत्सु का जन्म 1885 में तोकियो के मोतोजोनो शहर में हुआ। उनके पिता का नाम मुशानोकोजी सानेयो तथा माँ का नारुको था। वे अपने माता-पिता की अन्तिम आठवीं संतान थे।

इन्होंने बच्चों के लिए तो लिखा ही, उससे भी ज्यादा बड़ों के लिए लिखा। उपन्यास ही नहीं, जीवन समीक्षा तथा कला-समीक्षा आदि विषयों पर भी खूब लिखा।

अटल आदर्शवादी होने के नाते इनके समर्थकों की एक बड़ी तादाद थी। इनकी रचनाएँ काफी लोकप्रिय हुई। एक चित्रकार के रूप में भी इन्होंने अपनी गहरी छाप छोड़ी। 'आरु चोकोकुका' (एक नक्काश) सन् 1946 की रचना कला से ही सम्बन्ध रखती है।

सरल भाषा, छोटे-छोटे वाक्य, स्पष्टवादी शैली इनकी खूबी है।

'लोमड़ी की सीख' को पढ़ने से पाठकों को खुद-ब-खुद उनकी उपरोक्त शैली का रस चखने को मिलेगा।

# लोमड़ी की सीख

**मूल शीर्षक** : शोगाकुसेई तो खित्सुने
**मूल कृति** : शोनेन शोजो निहोन बुनगाकुकान : 14, कोदांशा, तोक्यो, 1986; पृष्ठ 161-68

गाँव के प्राथमिक स्कूल का एक छात्र जब मैदानी रास्ते से स्कूल जा रहा था, तो उसने दूर एक लोमड़ी को देखा। लोमड़ी लगातार आगे के पैरों से चेहरे को रगड़ रही थी। तभी लगा, घास के पत्तों को सिर में रख उसने कलाबाजी ली। दूसरे ही क्षण वह एक किसान में बदल चुकी थी।

किसान छात्र की ओर आने लगा।

'लोमड़ी से धोखा खाने की आड़ में अब उल्टा मैं इस लोमड़ी की बच्ची को मजा चखाता हूँ।' लड़के ने सोचा। इसलिए जब वह किसान-रूपी लोमड़ी छात्र के नजदीक पहुँची तो छात्र ने तपाक से पहले ही 'नमस्ते'

की।

"नमस्ते।" लोमड़ी ने भी जवाब दिया।

'बहुत चतुराई से वेश बदल लिया है।' छात्र ने मन-ही-मन कहा।

थोड़ी देर बाद लड़के ने पीछे मुड़कर देखा, तो वह किसान-रूपी लोमड़ी सहजभाव से शहर की ओर तेजी से जाती दिखाई दी।

इस पर छात्र को चिन्ता हुई। उसने सोचा कि कहीं वह उसके घर जाकर मुर्गियों को चुरा न ले, या फिर कहीं माँ को कुछ धोखा देकर परेशानी में न डाल दे। इस बात ने छात्र को स्कूल जाने का विचार छोड़ लोमड़ी का पीछा करने पर मजबूर कर दिया।

लोमड़ी इस बात से बेफिक्र आगे बढ़ती गई।

छात्र ने देखा, लोमड़ी उसके घर की ओर न जाकर शहर की ओर मुड़ गई है। इससे छात्र को थोड़ी राहत मिली परन्तु फिर उसकी इच्छा हुई कि चलो देखें कि किस तरह वह वेश बदल लोगों को धोखा देती है। इस प्रकार स्कूल जाने का विचार छोड़ उसने लोमड़ी का पीछा करने की बात मन में ठान ली।

लोमड़ी शहर की ओर दनादन बढ़ती जा रही थी। वह रास्ते में आते-जाते सभी लोगों को नमस्ते भी करती जा रही थी।

"अरे भई, यह लोमड़ी है। देखो, कितनी अच्छी तरह

वेश बदला है !" छात्र जिस किसी से मिलता यही कहता, परन्तु लोग उसकी यह बात सुनकर भी अनसुनी कर जाते। उनके चेहरे से ऐसा लगता, जैसे कह रहे हों–'ऐसी बातों से हमें कोई मतलब नहीं। अभी तो हमें बहुत काम करने हैं।'

यह देख छात्र थोड़ा हतोत्साहित जरूर होता परन्तु इस बात से खुश था कि वह किसान-रूपी लोमड़ी का असली रूप जानता है।

वह सोचने लगा – 'किसान-रूपी लोमड़ी एक लोमड़ी है, यह बात केवल मैं जानता हूँ। दुनिया में ऐसे कई लोग हैं जिन्होंने लोमड़ी से धोखा खाया है परन्तु लोमड़ी को धोखा देने वाला केवल मैं ही हूँ। सचमुच मैं कितना होशियार हूँ !'

तभी उसे दूसरी ओर से उसका एक दोस्त आता दिखाई दिया। वह भी किसान-रूपी लोमड़ी से कुछ बातें करके आया था।

"अरे जिससे तुम अभी बातें कर रहे थे, वह लोमड़ी थी।"

"क्या बात कर रहे हो! क्या ऐसा हो सकता है?"

"हाँ, मैंने उसे वेश बदलते हुए अपनी आँखों से देखा है।"

"लेकिन तुम्हें दिखता नहीं कि वह इन्सान है ?"

"तो क्या तुम्हें उसकी पूँछ नहीं दिखी?"

"नहीं तो। परन्तु यह बताओ, आखिर तुम इस वक्त जा कहाँ रहे हो? स्कूल के लिए भी काफी देर हो चुकी है।"

"मैं लोमड़ी पर नजर रखना चाहता हूँ। मुझे उसे गलत काम करने से रोकना है इसलिए मैंने आज स्कूल जाने का विचार छोड़ दिया है।

"यह बात है! लेकिन मैं तो चलता हूँ।"

"क्या तुम साथ नहीं चलोगे? बहुत मजे आएँगे।"

"इससे ज्यादा इस बात पर ध्यान देना कि कहीं तुम खुद उससे धोखा न खा जाओ।"

"तुम फिक्र मत करो। अच्छा तो सभी साथियों को मेरी ओर से नमस्कार कहना। कल आकर बताऊँगा मजेदार बातें।"

दोस्त से विदा लेने के बाद वह लोमड़ी का पीछा करने तेजी से भाग पड़ा। उसे फिक्र थी कि कहीं लोमड़ी आँखों से ओझल हो गई तो मुश्किल हो जाएगी।

उधर लोमड़ी सामान्य ढंग से आगे बढ़ती गई।

एक मुर्गे की दुकान के सामने जाकर किसान-रूपी लोमड़ी थोड़ी देर रुकी और फिर उसी तरह आगे बढ़ गई।

"शायद मुर्गा चुराने का खयाल आया होगा! परन्तु ऐसा कैसे कर सकती हो ? मैं जो पीछा कर रहा हूँ।"

लोमड़ी कुछ सोचते-सोचते मिठाई की दुकान में घुसी।

छात्र भी हड़बड़ी में दुकान के अन्दर घुसा। लोमड़ी पेड़ के पत्तों से मिठाई खरीद रही थी।

"ये तो पेड़ के पत्ते हैं। अरे ओ लोमड़ी, जरा ठीक से पेश आ, नहीं तो सब गड़बड़ हो जाएगी।"

लोमड़ी बात अनसुनी कर आगे की ओर बढ़ती गई।

"क्या वह लोमड़ी थी?"

"हाँ! तुम जरा होशियारी से काम लो। ये पैसे नहीं, बल्कि पेड़ों के पत्ते हैं।"

"अच्छा! परन्तु मुझे तो पैसे ही लग रहे हैं।"

"जरा बजाकर देखो।"

"हाँ, सचमुच ये पैसे हैं। बजाने से आवाज़ भी होती है।"

"तुम बेवकूफ़ हो।"

छात्र को हँसी आ गई; परन्तु तुरन्त ही उसे लोमड़ी की चिन्ता हुई और वह दुकान से कूदता हुआ ब्राहर निकल गया। फिर अपने-आप हँसा–'दुनिया के लोग वाकई कितने बेवकूफ हैं! वह लोमड़ी की बच्ची मुझे देख हैरानी से भाग खड़ी हुई।'

इस बार किसान-रूपी लोमड़ी पनीर की दुकान से पकौड़े खरीद रही थी।

"फिर तुम धोखा देने की सोच रही हो?"

छात्र जानबूझकर दोस्ताना लहजे में बोला। लोमड़ी ने चुपचाप फिर से पत्तों के पैसे निकालकर दिए।

"अरे, ये तो पेड़ के पत्ते हैं !"

छात्र ने वे पत्ते छीने और फेंक दिए।

"यह क्या फिजूल की बातें कर रहे हो? " दुकानदार ने जल्दी से फेंके पैसे उठाए।

इस बीच लोमड़ी ने पकौड़े उठाए और चल पड़ी।

"अरे, वह लोमड़ी थी।"

"क्या ऐसा हो सकता है?"

छात्र बहस करना चाहता था; परन्तु अभी तो उसे लोमड़ी की फिक्र थी, इसलिए वहाँ से वह जल्दी से निकल पड़ा।

लोमड़ी तेज़ रफ्तार से चलने लगी।

छात्र भी बिना हार माने तेजी से उसका पीछा करने लगा।

थोड़ी देर बाद, किसान-रूपी लोमड़ी ने दूसरी तरफ से आ रही एक खूबसूरत लड़की से कुछ बातें कीं, फिर दोनों साथ चलने लगीं।

छात्र यह सब न देख सका और बोला, "अरे लोमड़ी, यह क्या कर रही हो?" और वहाँ पड़ा एक डण्डा उठा लोमड़ी का पीछा करने लगा।

लोमड़ी और लड़की दोनों तेजी से भागने लगीं।

"देखता हूँ, कैसे भागती हो! अरे यह लोमड़ी है, लोमड़ी! धोखे में मत आओ!" छात्र बोला।

परन्तु लोमड़ी लड़की का हाथ पकड़ वहाँ से भाग

निकली। वे दोनों इतनी तेज भाग रही थीं कि छात्र पागलों की तरह भागने पर भी उन्हें पकड़ नहीं पाया। इस दौरान लोमड़ी लड़की को छोड़ दूसरे रास्ते भाग निकली! छात्र लड़की के पास पहुँचा; परन्तु यह क्या! वह तो गायब हो चुकी थी! आश्चर्यचकित हो उसने चारों ओर नजरें घुमाईं; परन्तु वहाँ कोई नज़र नहीं आया। इतना ही नहीं बल्कि वह पहाड़ों के बीच अकेला खड़ा था। ठीक उसी वक्त पहाड़ों से आवाज आई :

'इतनी दूर आने के लिए धन्यवाद। अभी तक तुम लकड़ी के ठूँठ से बातें कर रहे थे। जिसे तुम अपना दोस्त समझे थे, वह एक कठपुतली थी। तुम्हारा उससे बातें करना बड़ा रोचक लगा। औरों की सेवा करना छोड़ अपनी सेवा करो। दुनिया में बहुत लोग तुमसे भी ज्यादा होशियार हैं। अपने को होशियर मत समझो बल्कि यह समझो कि तुमसे बड़ा बेवकूफ कोई नहीं। पढ़ाई में मन लगाकर एक महान इन्सान बनने की कोशिश करो। गन्दी वस्तुओं की ओर अपना समय बर्बाद करोगे तो तुम्हें बड़ा नुकसान होगा क्योंकि तुम्हें उल्लू बनाना आसान है। अच्छा, अलविदा!'

छात्र को घर लौटने में काफी दिक्कतों का सामना करना पड़ा। रोनी सूरत लिए वह वापस लौटा। लोमड़ी से धोखा खाने की बात उसने किसी से नहीं बताई। उसके बाद उसने कभी किसी गलत चीज से सम्बन्ध नहीं रखा और अपने को होशियार बनाने में दिलोजान से जुट गया।

## डा॰ उनीता सच्चिदानन्द द्वारा रूपान्तरित, अनूदित, सम्पादित व रचित और राजकमल प्रकाशन द्वारा प्रकाशित जापानी साहित्य

(मूल और अनूदित शीर्षक हिन्दी व जापानी में)

### *जापानी लोककथाएं : तसवीर का फेर*

### 日本の民話:タスウィール カ フェール

| | | | |
|---|---|---|---|
| 1. | 絵姿女房<br>(एसुगाता न्योबो) | 1. | तसवीर का फेर<br>(タスウィールカフェール) |
| 2. | 猿地蔵<br>(सारु जिजो) | 2. | नदी में देवता<br>(ナディーメデワタ) |
| 3. | やまたのおろち<br>(यामाता नो ओरोची) | 3. | छाए बादल<br>(チャーエバダル) |
| 4. | 七夕<br>(तानाबाता) | 4. | तानाबाता<br>(タナバタ) |
| 5. | 一寸法師<br>(इस्सुनबोशी) | 5. | इस्सुन बोशी<br>(イッスンボシ) |
| 6. | 桃太郎<br>(मोमोतारो) | 6. | मोमोतारो<br>(モモタロ) |
| 7. | 古屋のもり<br>(फुरुया नो मोरी) | 7. | टप-टप गुम्बा<br>(タプタプグッムバ) |

### *जापानी लोककथाएं :लोमड़ी की जपमाला*

### 日本の民話:ロムリーキージャプマラー

| | | | |
|---|---|---|---|
| 1. | 天福地福<br>(तेन्बुकुजिबुकु) | 1. | सपना सच हुआ<br>(サプナサッチフア) |
| 2. | 鷹 鰕 鮫<br>(ताका एबी सामे) | 2. | बड़ा कौन<br>(バラコウン) |
| 3. | 狐の玉の取り合い<br>(खित्सुने नो तामा नो तोरिआइ) | 3. | लोमड़ी की जपमाला<br>(ロムリーキージャプマラー) |

4. 木仏長者
(किबोतोके चोजा )

4. विश्वास का बल
(ウィスワース
カバール)

5. 宝下駄
(ताकारा गेता )

5. लुढ़कता खड़ाऊँ
(ルラクタカラウン)

6. 五得の教え
(गोतोकु नो ओशिए)

6. एक एहसान बढ़ा
पांच मान
(エクエヘサン
バラパンチマン)

7. 鴇 の卵
(तोकी नो तामागो)

7. बुज्जा का अण्डा
(ブッジャーカアンダ)

## *पांच चोर*
### नीइमी नानकिचि
### *パンチ チョール*
### 新美南吉

1. 花のき村と盗人たち
(हानानोकिमुरा तो
नुसुबितोताची)

1. पांच चोर
(パンチチョール )

2. おじさんのランプ
(ओजीसान नो राम्पु)

2. दादाजी की लालटेन
(ダダジキラルテン)

3. ごんぎつね
(गोन गित्सुने)

3. गोन लोमड़ी
(ゴンロムリー)

4. 手袋 を買いに
(तेबुकुरो ओ काई नी )

4. दस्ताने
(ダスタネ)

## *मेरी दीदी :* ओका शूज़ो
### *メリーディーディー*
### 丘 修三

1. ぼくのお姉さん
(बोकु नो ओनेसान)

1. मेरी दीदी
(メリーディーディー)

2. 歯型

2. दांतों के निशान

| | |
|---|---|
| (गुमी नुसुबितो) | (チョール) |
| 12. 夜天の微笑 | 12. मुसकान |
| (यातेन नो बिशो) | (ムスカン) |
| 13. 雨傘 | 13. छाता |
| (आमागासा) | (チャター) |
| 14. 顔 | 14. चेहरा |
| (काओ) | (チェヘラ ) |
| 15. 喧嘩 | 15. झगड़े |
| (केन्का) | (ジャグレ) |

* संकलन व सम्पादन: डा॰ उनीता सच्चिदानन्द

## *जापानी साहित्य दर्शन : मेइजी से शोवा तक*
日本文学の旅: 明治から昭和まで

## *राशोमोन एवं अन्य कहानियां : आकुतागावा रयूनोसुके*
ラショモンエワムアンヤカハニヤン
芥川龍之介

| | |
|---|---|
| 1. 羅生門 | 1. राशोमोन |
| (राशोमोन) | (ラショモン) |
| 2. 蜜柑 | 2. संतरे |
| (मिकान) | (サンタレ) |
| 3. 蜘蛛の糸 | 3. मकड़ी के जाल का एक तार |
| (कुमो नो इतो) | (マカリケジャルカエクタール) |
| 4. 杜子春 | 4. तोशिशुन |
| (तोशिशुन) | (トシシュン) |
| 5. 白 | 5. शिरो |
| (शिरो) | (シロ) |

## *सानशोदायु* : मोरी ओगाई
## *サンショウダユ*: 森 鴎外

| | |
|---|---|
| 1. 山<br>सानशोदायु | 1. सानशोदायु<br>(サンショウダユ) |
| 2. 高瀬舟<br>(ताकासेबुने) | 2. अंधेरे में एक नाव चलती थी<br>(アンデレメエクナウチャルティーティー) |
| 3. 最後の一句<br>(साइगो नो इक्कु) | 3. आखिरी पंक्ति<br>(アキリパンクティ) |

## *बिन कान का होइची*
### कोइज़ुमी याकुमो
## *ビンカンカホイチ*
### 小泉八雲

| | |
|---|---|
| 1. 耳なし芳一のはなし<br>(मिमिनाशि होइची नो हानाशी) | 1. बिन कान का होइची<br>(ビンカンカホイチ) |
| 2. 雪おんな<br>(युकि ओन्ना) | 2. बर्फ़ सुन्दरी<br>(バルフスンダリー) |
| 3. ものを言うふとん<br>(मोनो ओ इउ फुतोन) | 3. बच्चों की रज़ाई<br>(バッチョンーキラシャーイ) |
| 4. 宝石の涙<br>(होसेकी नो नामिदा) | 4. आंसू बने मोती<br>(アンスーバネモティー) |
| 5. みずな<br>(मिज़ुना) | 5. कुनीज़ाका की ढलान<br>(クニザカキダラン) |
| 6. かたい約束<br>(काताइ याकुसोकु) | 6. सोएमोन भूला नहीं<br>(ソエモンブーラナヒン) |